AF375588

Analyse de l'œuvre

Par Aurélie Bontout-Roche

L'amie prodigieuse, l'intégrale

de Elena Ferrante

lePetitLittéraire.fr

Rendez-vous sur lepetitlitteraire.fr et découvrez :

Plus de 1200 analyses
Claires et synthétiques
Téléchargeables en 30 secondes
À imprimer chez soi

ELENA FERRANTE — 9

L'AMIE PRODIGIEUSE — 13

RÉSUMÉ — 17

Tome I — Enfance, adolescence
Tome II — Le nouveau nom : jeunesse, mariages, désunions
Tome III — Celle qui fuit et celle qui reste : époque intermédiaire
Tome IV — L'enfant perdue : maturité, vieillesse.

ÉTUDE DES PERSONNAGES — 29

Raffaella cerullo, dite lina ou lila
Elena Greco dite Lenuccia ou Lenù
La famille Caracci
Nino Sarratore
Les frères Solara (les camorristes)
Les amis de Naples
Personnages secondaires

CLÉS DE LECTURE — 43

L'amitié entre deux héroïnes
Naples, personnage de la saga
Un roman féministe, entre poids des traditions et désir d'émancipation
Le rôle de la littérature et de l'écriture
Une fresque de l'Italie sur soixante ans d'histoire

PISTES DE RÉFLEXION — 67

POUR ALLER PLUS LOIN — 71

ELENA FERRANTE

ROMANCIÈRE ITALIENNE

- **Née en 1943 à Naples**
- **Quelques-unes de ses œuvres :**
  - *L'Amour harcelant* (1995), roman
  - *Les Jours de mon abandon* (2004), roman
  - *Poupée volée* (2009), roman

On sait peu de choses sur Elena Ferrante, pourtant auteur de best-sellers qui se sont vendus à plusieurs millions d'exemplaires dans le monde entier. Il s'agit d'un nom de plume, comme Romain Gary, alias Émile Ajar, auteur de *La Promesse de l'aube* (1973) avait choisi d'en prendre un à son époque. De la mystérieuse Elena Ferrante, traduite en 42 langues, on apprend qu'elle serait née à Naples en 1943 et vivrait en Grèce, même si elle se dévoile peu dans ses interviews. Milan Kundera dans *L'Art du roman* (Gallimard, 1986) écrit qu'il rêve d'un monde « où les écrivains seraient obligés par la loi de garder secrète leur identité et d'employer des pseudonymes ». Aussi, depuis plus de vingt ans, l'identité d'Elena Ferrante constitue un véritable feuilleton en Italie, ainsi qu'au Royaume-Uni ou aux États-Unis où elle est très reconnue.

Si on devine par l'assonance le clin d'œil fait à une autre grande écrivaine italienne, Elsa Morante (1912-1985), l'auteur exprime sa volonté de ne pas « s'exposer en public » et le désir de laisser « les livres s'imposer sans [s]on autorité » (*New York Times*, 9 décembre 2014). La polémique sur sa probable identité rebondit le 2 octobre 2016, avec la publication d'un article de Claudio Gatti dans le supplément littéraire du quotidien économique *Il sole 24 ore*. Il aurait la preuve irréfutable de la véritable identité de Elena Ferrante. Il s'agirait d'Anita Raja, traductrice de l'allemand, épouse de l'écrivain napolitain Domenico Stanone et ayant été au préalable à la tête d'une collection de la maison d'édition E/O, qui publia en Italie le premier roman d'Elena Ferrante. À ce jour, le mystère reste entier.

L'AMIE PRODIGIEUSE

UNE SAGA SUR SOIXANTE ANS D'HISTOIRE ITALIENNE

- **Genre** : roman
- **Édition de référence** : *L'amie prodigieuse*, Paris, Gallimard, traduction de Elsa Damien
- **1ʳᵉ édition** : 2014
- **Thématiques** : amitié, déterminisme social, réalisme, camorra, Naples, Italie, amour, pauvreté, littérature, féminisme

L'amie prodigieuse est une saga littéraire qui s'inscrit dans la grande tradition littéraire réaliste italienne. À travers quatre tomes, nous suivons le destin des deux héroïnes et amies d'enfance, Elena Greco et Raffaella Cerullo. Sur soixante ans d'histoire de l'Italie, depuis le boom économique jusqu'aux troubles politiques et sociaux qui éclatent progressivement, l'auteure nous raconte leur enfance dans les quartiers pauvres de Naples de l'après-guerre, leur adolescence, leur jeunesse, mariages et désunions, et enfin leur vieillesse, marquée par la disparition inexpliquée de Raffaella en 2010.

L'amie prodigieuse est un grand roman féministe qui dresse le portrait d'une génération avide d'émancipation après la Seconde Guerre mondiale, rendue possible par le boom économique. Il met en scène un thème trop rarement exploité en littérature, et qui explique sûrement en partie son immense succès : l'amitié de deux femmes qui constituent les véritables héroïnes. Malgré une relation complexe faite d'admiration et de jalousie, elles reflètent les illusions perdues de leur génération : les combats féministes, l'aspiration à une maternité maîtrisée et à pouvoir écouter les élans de son cœur, la complexité de la relation amoureuse marquée par le poids des traditions, etc. Tout au long du roman, l'auteure exprime sa volonté de mettre au centre la littérature, espace de rédemption. La figure de la narratrice écrivaine constitue une véritable mise en abyme de la création littéraire.

RÉSUMÉ

TOME I — ENFANCE, ADOLESCENCE

Ce premier tome est construit sur la figure littéraire de l'analepse, qui consiste en un récit basé sur un retour dans le passé. Un jour de 2010, Rino, le fils de Raffaela appelle son amie Elena, car sa mère de 66 ans a disparu sans laisser de traces. Elena devient ainsi la narratrice et se souvient de cette amitié de toute une vie qui a pris racine dès l'enfance.

Dans un quartier pauvre du Naples des années cinquante, deux fillettes prénommées Elena et Raffaela tissent une amitié inoubliable, depuis leurs premiers jeux dans la cave de l'immeuble jusqu'à l'école qui cristallise tous leurs rêves d'enfant. Elena est impressionnée par Lila (surnom de Raffalea), son amie surdouée qu'elle trouve prodigieuse. Pourtant, malgré les encouragements des enseignantes, les fillettes prennent très vite des chemins différents. Raffaela doit rapidement abandonner ses études à la fin de l'école primaire, car son père cordonnier n'en voit pas l'intérêt pour une fille, et se retrouve bientôt à travailler en compagnie de son frère ainé, Rino, dans leur échoppe de cordonnier, poursuivant ainsi le rêve du père. Lila, toujours aussi merveilleuse et douée, aura pourtant à cœur de créer de nouvelles chaussures et de réaliser sa première paire en compagnie de son frère Rino.

Elena, elle, a la chance que son institutrice encourage ses parents à envoyer leur fille au collège, puis au lycée, où seules accèdent des familles plus aisées. Souvent indisciplinée, la jeune fille s'épanouit dans les études qui ont la vertu de l'apaiser. Durant leur adolescence, les deux amies se métamorphosent physiquement, mentalement, sans que ces changements altèrent le lien qui les unit. S'entraidant ou s'éloignant l'une de l'autre en fonction des circonstances, elles se définissent souvent l'une par rapport à l'autre. Lila, libre et très belle, fascine particulièrement les hommes : c'est tout naturellement que Marcello, un des deux frères Solara (amis d'enfance des héroïnes), lui fait des avances ; mais déterminée à disposer d'elle-même, elle préfère donner ses faveurs à Stefano, le fils de l'épicier. Elena connait elle aussi ses premiers émois amoureux lorsqu'elle s'offre sur la plage des Maronti de l'île d'Ischia au fameux poète-cheminot, le père de Nino Sarratore, dont elle est déjà amoureuse sans oser se l'avouer. Le premier tome s'achève par le mariage de Lila avec Stefano, alors qu'elle a à peine 16 ans. Le jour même de ses noces, elle comprend que son mari l'a trahie et trempe dans d'obscures affaires avec les frères Solara, désormais enrôlés dans la Camorra, la mafia de Naples.

TOME II — LE NOUVEAU NOM : JEUNESSE, MARIAGES, DÉSUNIONS

Dans les années soixante, Elena est témoin du mariage malheureux de son amie avec Stefano. Lila décide de se refuser à lui, le méprise et connait ses premières désillusions de jeune femme, même si ce mariage apporte à la jeune fille, toujours aussi fantasque et imprévisible, une forme de prospérité matérielle. Naples, ville violente, est en pleine évolution : de nouveaux quartiers émergent, de nouveaux types de commerces voient le jour et Lila permet à l'épicerie de son mari de se développer grâce à ses talents « prodigieux ». Elena trouve dans les études un apaisement, passe brillamment son bac et part à 19 ans étudier à l'École normale de Pise, fréquentant des milieux intellectuels et favorisés. Pourtant, timide et maladroite, elle doute d'elle-même et de sa capacité à séduire : elle étouffe ses sentiments et n'ose s'affirmer, se sentant mal à l'aise vis-à-vis de son milieu d'origine. Malgré leurs expériences disjointes et des périodes de ruptures et de séparations, l'amitié entre Elena et Raffaela ne se dément pas. Le temps d'un été, elles se retrouvent sur l'île d'Ischia, paradis perdu de leur jeunesse. Un séjour qui, grâce à des bains de mer supposément miraculeux, devrait permettre à Lila de tomber plus facilement enceinte.

Elena, bien que vivant à Pise une histoire avec un certain Franco, est toujours amoureuse de Nino Caracci qui multiplie les conquêtes en même temps qu'il veille à son ascension sociale. Le jeune homme vit même une aventure passionnelle et un amour impossible avec Lila et lorsque celle-ci tombe enceinte, elle est persuadée que l'enfant est de lui. Lila en profite pour quitter son mari, renonçant ainsi à son confort matériel. Ce geste reste vain puisque Nino s'évapore dans la nature et l'abandonne à son tour. Le petit Gennaro nait, et Lila part vivre avec lui et son ami d'enfance Enzo dans la nouvelle cité de San Giovanni a Teduccio. Pendant ce temps, Elena tisse une relation solide avec Pietro Airota, brillant universitaire et homme droit, issu d'une famille influente. Le deuxième tome s'achève alors que Lila trouve du travail dans une usine de salaison et que Elena publie son premier roman, marquant le début d'une grande carrière d'écrivaine.

TOME III — CELLE QUI FUIT ET CELLE QUI RESTE : ÉPOQUE INTERMÉDIAIRE

À l'aube des événements de 1968, des mouvements féministes émergent et la contestation sociale grogne. L'Italie va connaitre de grands bouleversements, à l'image de ceux de nos deux héroïnes. Elena, tout juste diplômée de l'École normale supérieure de Pise est en passe de jouer une place majeure sur la scène littéraire, car son premier roman publié, inspiré de ses amours de jeunesse à Naples, connait un succès marqué d'un parfum de scandale. La jeune femme est proche de sa belle-mère Adèle, introduite dans les milieux littéraires et éditoriaux et qui l'aide à percer. Son mariage avec Pietro en 1969 à Florence semble heureux, et pourtant Nino, devenu critique littéraire et fervent défenseur de son roman la trouble encore, même si elle craint qu'il ne la fréquente que pour se rapprocher de Lila. Plus volage que jamais, il ne met jamais vraiment un terme aux relations qu'il entreprend.

Lila s'épuise dans son travail à l'usine, prise en tenailles entre un patron despotique de petite envergure et des ouvriers qui la harcèlent. Elle va être à l'origine de révoltes avec son ami d'enfance, Pasquale, communiste engagé, et Nadia, fille de l'enseignante de Elena. Mais si le destin des deux amies semble prendre encore des chemins opposés, c'est quand Elena sent que Lila va mal qu'elle vole à son secours et prête sa plume pour soutenir une juste cause sociale, en publiant un article tonitruant dans l'*Unità*. Ce combat connaitra une issue fatale quand un commando pénètre dans l'usine pour exécuter le patron.

Lila élève Gennaro avec Enzo qu'elle aide à reprendre des études informatiques et monte avec lui son entreprise d'informatique, s'y consacrant comme elle sait le faire, prodigieusement. Plus que jamais les deux amies semblent solidaires. Lila ne cache pas à son amie les changements à Naples, la chape de plomb qui pèse, à cause de la terreur que font régner les camorristes — incarnés dans le roman par les frères Solara — sur le quartier et sur toute la ville où les agressions se succèdent. Malgré la naissance de ses deux filles, Adele et Elsa, une maternité parfois vécue douloureusement, Elena s'éloigne de son mari Pietro, le plus gris des universitaires avec lequel elle partage de moins en moins de points communs : leur séparation devient inévitable. Elle doute de ses talents d'écrivain et ressent comme Lila que le visage répugnant du monde ne suffit pas pour écrire un roman. Son imagination se tarit à mesure que son mariage s'essouffle.

Elena renoue avec Nino et finit par vivre une passion amoureuse avec lui telle qu'elle n'en a jamais connue, alors que celui-ci lui fait croire qu'il quittera sa femme Eleonora. Vivant enfin pleinement sa passion pour Nino et renouant avec l'écriture, la jeune fille se sent invulnérable. Alors que tout lui réussit, elle fait volte-face à son destin et prend la décision de quitter son mari, bien décidée à vivre une nouvelle vie. Le roman se termine alors que Lila désapprouve la rupture de son amie et qu'Elena pense réaliser son rêve : aimer Nino et être aimée de lui.

TOME IV — L'ENFANT PERDUE : MATURITÉ, VIEILLESSE

Ce dernier tome débute alors qu'Elena vit une véritable passion amoureuse avec Nino. L'Italie est embourbée dans les années de plomb et les brigades rouges sèment la terreur. De 1976 à 1979, les deux amies semblent se perdre un peu de vue, Elena n'ayant pas supporté le mépris qu'elle a ressenti de la part de Lila. Restée à Naples, divorcée et désabusée par le mariage, épuisée par son travail à l'usine et bientôt à la tête de sa propre entreprise d'informatique, Lila s'est projetée dans son amie, elle qui n'a pas eu la chance de pouvoir continuer ses études, et ne cache pas son amertume. Pourtant, Elena, toujours en mouvement durant ces années de maturité, travaille beaucoup et s'affirme comme un grand écrivain dont le retentissement international n'est plus à démontrer. Dès que possible, elle rejoint Nino, au risque de négliger ses filles. La séparation d'avec Pietro est douloureuse : Elena se sent rejetée par sa belle-famille, et Lila, toujours en proie à ses zones d'ombres, se bat contre la désintégration de la société dont elle est le témoin. En effet, le pays est gangréné par les trafics de drogue orchestrés par la Camorra.

L'amitié complexe entre Lila et Elena, oscillant entre jalousie et dévouement, n'en reste pas moins fusionnelle. Elle va prendre un tournant décisif en 1978, quand Lila révèle à son amie que Nino s'est jouée d'elle et n'a jamais eu l'intention de quitter sa femme, enceinte de lui.

L'amie prodigieuse devient ainsi un grand roman féministe : les deux femmes partagent leur maternité et Elena revient vivre à Naples avec ses filles dont Lila prend souvent soin, quand Elena doit se déplacer pour ses tournées de promotion. Réconciliées, les deux amies se soutiennent pour exister dans une société patriarcale, en butte à leurs élans respectifs et leur équilibre psychologique fragile. Elles tombent enceintes en même temps et donnent naissance à deux petites filles en 1981 : Immacolata, fille de Nino, et Tina, fille d'Enzo. Le retour à Naples n'est guère facile pour Elena. Se sentant à la fois admirée et rejetée, elle affronte la mort de sa mère et la séparation infiniment douloureuse d'avec Nino. Obsédée par lui depuis l'enfance, Elena parvient finalement à s'en libérer. Mais un drame va constituer le dernier grand rebondissement de cette saga qui finit en apothéose. Tina, la petite fille de Lila, si douée et qui suscite comme sa mère tendresse, admiration, et affectation, va disparaitre le 16 septembre 1984, âgée de quatre ans à peine, brisant toutes les promesses.

Le deuil de Lila se révélera impossible, d'autant plus que le corps de la petite fille ne sera jamais retrouvé, laissant libre cours aux plus folles rumeurs. Lila s'enfonce dans le désespoir, digne et courageuse. Malgré la douleur indicible, elle se raccroche à la certitude que Tina est encore vivante, alors que Elena quitte définitivement Naples en 1995. Ses filles grandissent et font de brillantes études, tandis qu'elle poursuit sa carrière d'écrivain et vole au secours de son ami d'enfance, Pasquale, lorsqu'il est arrêté. Elle ne perd jamais de vue son amie Lila. La saga s'achève sans explication réelle sur la disparition brutale de cette dernière. Dans un dernier paragraphe, Elena raconte la découverte des poupées de leur enfance. Elle se rend compte que Lila a appelé sa fille Tina, choisissant le même nom que celui de sa poupée, à elle, Elena. Elle prend alors conscience qu'il est temps de laisser son amie Lila partir et vivre comme elle l'entend le reste de sa vie.

ÉTUDE DES PERSONNAGES

RAFFAELLA CERULLO, DITE LINA OU LILA

Née en août 1944, comme la narratrice, elle est la fille du cordonnier Fernando Cerullo et de Nunzia Cerullo. Elle disparait de Naples à l'âge de soixante-six ans et c'est son fils qui prévient son amie d'enfance, Elena. Enfant surdouée, elle est repérée très jeune par son institutrice, et dès l'âge de 10 ans, elle écrit un magnifique récit — *La Fée bleue* —, qui inspirera la narratrice dans sa propre carrière de romancière. C'est son amie prodigieuse, ce « fantôme exigeant ». Son père refusant qu'elle poursuive ses études après l'école primaire, elle travaille avec son frère dans une échoppe de cordonnier. D'une grande beauté qui fascine particulièrement les hommes et provoque parfois la jalousie de son amie, Lila est souvent décrite comme méchante :

<blockquote>« Lila apparut dans ma vie en première année de primaire, et elle me fit tout de suite impression parce qu'elle était très méchante ». (Tome I)</blockquote>

Mais fantasque et imprévisible, habitée par un « vide qui lui pèse », elle est aussi marquée par une « détermination absolue » et une volonté à toute épreuve :

<blockquote>« Elle nous était supérieure, comme ça, sans le vouloir. Et c'est ce qui était insupportable. » (Tome II)</blockquote>

Il lui faudra pourtant abandonner ses études dès la fin de la primaire, humiliée que son amie Elena puisse prendre le chemin qui lui est refusé. Condamnée à rester à Naples, Lila met ses talents au service de la boutique de chaussures et s'y investit considérablement. Lila fascine et Elena tisse avec elle une amitié fusionnelle qui l'inspire et qu'elle ressent parfois le sentiment de mettre à distance :

<blockquote>« Elle savait s'emparer des faits et, avec naturel, les restituer chargés de tension ; quand elle réduisait la réalité à des mots, elle lui donnait de la force et lui injectait de l'énergie. Mais je m'aperçus en même temps, avec plaisir, que dès</blockquote>

qu'elle commençait à le faire, moi aussi je me sentais la capacité de faire pareil. » (Tome I)

Lila est marquée par ses expériences de « délimitation » qui la font passer pour étrange : « elle expliquait qu'en ses occasions, les limites des personnes et des objets semblaient soudain s'effacer » (Tome I). Mais très jeune, elle se retrouve mariée à Stefano Carracci, l'épicier, qu'elle méprise parce qu'elle a compris qu'il pactise avec les camorristes. Elle finira par le quitter pour Nino Sarratore. C'est l'amour impossible de deux personnes incapables d'être heureuses :

> « Nino a quelque chose qui le ronge de l'intérieur, comme Lila, ce qui est un don et une souffrance : ils ne sont jamais heureux, ne s'abandonnent pas et craignent ce qui se passe autour d'eux. » (Tome I)

Créative et solaire, tout en refusant de se plier à la réalité, Lila part vivre avec son ami d'enfance Enzo à San Giovanni a Tellucio, « un gouffre proche de (son) quartier d'enfance », élève son fils, rayonne dans son quartier, travaille dans une usine et met tous ses talents au service de la contestation sociale et de son entreprise d'informatique. Elle partagera les joies de la maternité avec son amie Elena, avant de connaitre l'expérience la plus cruelle de sa vie, la disparition de sa fille chérie, Tina, âgée d'à peine plus de trois ans. Ultime naufrage de sa vie, elle ne s'en remettra pas et disparait comme si la vie qu'elle quittait n'avait jamais été la sienne.

ELENA GRECO DITE LENUCCIA OU LENÙ

Également née en août 1944, elle est la narratrice de la saga qui raconte son histoire d'amitié avec Lila. Son père est portier à la mairie, sa mère est une femme au foyer dont elle a honte car elle claudique ; elle entretiendra toute sa vie des rapports conflictuels avec elle. La fillette tisse avec Lila une amitié très fusionnelle, oscillant entre l'admiration et la jalousie. Contrairement à Lila, Elena est une adolescente plus complexée, plus ronde et durant toute leur enfance et adolescence, elle a le sentiment de ne pas être à la hauteur de cette amie admirée de tous et qui fascine les hommes. Elle se sent écrasée par elle, développant un complexe d'infériorité :

> « En réalité, elle m'obligeait à essayer toutes ses robes avec une méchanceté croissante bien que

je lui répète qu'elles ne m'allaient pas. Ce jeu devint un supplice. Elle était plus grande et mince que moi, et chaque vêtement que j'essayais me donnait l'air ridicule. Mais elle ne voulait pas le reconnaitre et disait qu'il suffisait de quelques retouches ici ou là. Toutefois, plus elle me regardait plus sa mauvaise humeur augmentait, comme si mon aspect physique avait le don de la contrarier. » (Tome I)

Pourtant c'est Elena qui poursuit ses études au collège puis au lycée avant de quitter Naples pour l'École normale de Pise, parvenant ainsi à s'extraire de son milieu. Et l'adolescente timide et gauche qu'elle était, ayant toujours peur de dire « ce qu'il ne fallait pas, d'employer un ton exagéré, d'être habillée de manière inadéquate, de révéler des sentiments mesquins et de ne pas avoir d'idées intéressantes « (Tome II), s'épanouit progressivement dans un milieu d'intellectuels où elle trouve sa place. Elle désire s'émanciper comme femme :

« Avais-je tendance à étouffer mes propres sentiments parce que j'étais effrayée par la violence avec laquelle, au plus profond de moi, je désirais les choses, les personnes, les louanges et les victoires ? » (Tome II).

Elena se marie avec un brillant universitaire Pietro Airota dont elle aura deux filles, part vivre à Florence et écrit, mais c'est la passion la rattrape : elle finit par se jeter à corps perdu dans les bras de son amour d'enfance, Nino Sarratore. Cette relation la conduit à quitter son mari et à retourner s'installer à Naples, auprès de Lila, avec qui elle partage les joies de la maternité. Malgré la réussite de ses filles et sa renommée internationale en tant que femme de lettres respectée, Elena se laisse souvent débordée par ses sentiments, « une goutte d'eau sur une toile d'araignée » : « Nous vivions dans un tel désordre ! Des fragments de nous-mêmes partaient dans tous les sens, comme si vivre signifiait s'éparpiller sans cesse ». (Tome IV).

Ainsi Elena est un personnage féminin qui s'affirme, précisément en se libérant du poids de son amitié pour Lila :

> « Depuis l'enfance, je lui avais attribué trop de poids, et je m'en sentais maintenant comme libérée. Il était enfin évident qu'elle n'était pas ce que j'étais, et vice versa. Son avis ne m'était plus indispensable, j'avais le mien. Je me sentis forte, non plus victime de mes origines, mais

capable de les dominer, de leur donner forme et d'obtenir une rédemption pour moi, pour Lila et pour tout un chacun. » (Tome IV).

LA FAMILLE CARACCI

Au centre de cette famille d'épiciers se trouve Stefano Carracci, premier mari de Lila. Il est le fils de Don Achille Carracci, le fameux « ogre des contes » qui terrorisait Lila et Elena enfants. Enrichi grâce au marché noir et à l'usure, il finira assassiné. Stefano Carracci séduit Lila qu'elle épouse à 16 ans, mais très vite, ce mariage s'avère tumultueux. Lila se refuse à lui et ne lui pardonne pas de l'avoir trahie. Le soir de leur mariage, Lila découvre que Stefano a offert les chaussures qu'elle a elle-même dessinées. C'est ainsi que la narratrice écrit :

> « Je n'arrivais pas à croire que Stefano, si gentil et si amoureux, ait pu offrir à Marcello Solara le travail de Lila enfant, le résultat de tous les ef-forts qu'elle avait mis dans les chaussures qu'elle avait crées. » (Tome II)

Malheureux dans son mariage avec Lila qui se refuse à lui, il aura une liaison avec une certaine Ada Cappuccio et finira par vivre avec elle. Il est le père de Gennaro, premier enfant de Lila. Il mourra d'un infarctus.

NINO SARRATORE

Nino Sarratore, le grand amour de Lila et Elena, est le premier enfant d'un grand séducteur, Donato Sarratore, cheminot, poète et journaliste, qu'il hait pourtant. Adolescente, Elena s'offre au père sur la plage à Ischia, par dépit, car elle ne supporte pas de voir Nino amoureux de Lila. Elena est amoureuse de Nino depuis leur tendre enfance, sans vraiment se l'avouer. Nino est un excellent élève promis à de brillantes études : « Un garçon aux cheveux longs, maigre comme un clou et qui se croit mieux que tout le monde » (tome II) ». Éperdu de désir pour Lila qui fascine tous les hommes, il connaitra avec elle une longue liaison clandestine, mais aura aussi une relation avec Elena, pourtant mariée et mère de deux enfants. Très ambitieux et dénué de scrupules, il poursuit sa carrière, fort des appuis de la famille de la famille de sa femme Eleonora : « Le soir même, la télévision montra le visage de l'ex-député socialiste Giovanni Sarratore – jovial, mais plus tout jeune, il avait cinquante ans —, qui vint s'ajouter à la liste toujours plus fournie des corrupteurs et des corrompus. » (Tome IV)

LES FRÈRES SOLARA (LES CAMORRISTES)

Marcello et Michele, amis d'enfance des deux protagonistes, sont les fils de Silviia et Manuela Solara, famille propriétaire du bar-pâtisserie du même nom. Ils sont arrogants et règnent en petits maîtres dans le quartier d'enfance d'Elena et Lila. Le dimanche, ils y paradent à bord de leur Fiat Millecento blanc et bleu : « Ils étaient beaux tous les deux, avec leurs cheveux noirs et brillants et leur sourire tout blanc. » (Tome I). Ils se laissent vite enrôler par la Camorra et incarnent dans le roman la corruption qui gangrène la ville.

Seule Lila refuse de se soumettre et reste indifférente à leurs numéros de charme. Marcello, comparé par la narratrice à l'Hector de L'*Iliade* en raison de sa beauté juvénile et de son esprit conquérant, est éconduit par Lila dans sa jeunesse et se marie bien plus tard avec Élisa, la petite sœur d'Elena. Michele multiplie les conquêtes et reste obsédé toute sa vie par Lila qui le déteste. Camorristes convaincus, les deux frères organisent les trafics et font régner la terreur. Ils connaitront une fin terrible, assassinés en décembre 1986 par « un homme seul qui avait tiré, avant de monter calmement dans une Ford Fiesta rouge et de s'éloigner » (Tome IV)

LES AMIS DE NAPLES

Pasquale Peluso

Pasquale Peluso est le fils d'une famille de menuisier. Son père Alfredo Peluso, a été accusé à tort d'avoir tué Don Achille et envoyé en prison. Pasquale, qualifié par la narratrice de « jeune homme ténébreux » (Tome I), devient maçon et communiste comme son père. Il est le premier à rendre hommage à la grande beauté de Lila, allant jusqu'à lui déclarer son amour. Il voue une haine féroce aux frères Solara. Menacé par les fascistes, il s'enfuira, après avoir été à l'origine de nombreuses contestations sociales, et suspecté d'avoir assassiné un patron d'usine. C'est Elena qui paiera ses avocats quand il sera retrouvé et arrêté. En prison, il étudiera beaucoup, passera son baccalauréat et obtiendra une licence de géographie astronomique. Elena viendra régulièrement lui rendre visite.

Enzo Scanno

Ami d'enfance d'Elena et Lila, il montre très jeune de grandes capacités pour le calcul mental. C'est lui qui s'occupe de Lila et de son fils Gennaro quand celle-ci quitte son mari Stefano et il les emmène vivre à San Giovanni a Teduccio. Enzo tisse une relation particulière avec Lila qui refuse toute relation physique dans un premier temps, mais l'encourage dans ses études d'information et montera avec lui une entreprise d'informatique. Fidèle, dévoué et d'une certaine droiture, il est le père de Tina, la fille de Lila. Lui non plus ne se remettra jamais de la disparition de sa fille et soupçonnera les frères Solara d'être à l'origine du drame.

PERSONNAGES SECONDAIRES

Rino Cerullo

C'est le frère ainé de Lila, lui aussi cordonnier. Il parviendra à monter sa propre fabrique de chaussures avec l'argent de sa sœur et de Stefano Carracci. Il épouse la sœur de Stefano avec qui il a deux enfants. Il connaitra une fin tragique, assassiné.

Pietro Airota

C'est le mari de Lila et le père de deux de ses filles. Elena rencontre Pietro à l'École normale de Pise, et part vivre avec lui à Florence. Il est décrit comme ennuyeux, passant son temps à travailler et Elena se lasse vite de sa relation avec lui, même si elle s'entend bien avec sa belle-sœur Mariaorosa. C'est sa belle-mère Adele qui lui ouvre les portes du monde des lettres. Pietro incarne pour Elena le décalage entre ses aspirations profondes et le milieu auquel elle a accédé et où elle se vit toujours comme une étrangère : « Que suis-je pour les Airota ? Une fleur à leur boutonnière ? La preuve de leur largesse d'esprit ? » (Tome III). Fin 1978, Pietro est agressé par des hommes à visage découvert et armés de gourdins, sans que l'on sache très bien s'il s'agit des Brigades rouges ou des fascistes. Malgré leur séparation douloureuse, Pietro et Elena s'entendront pour le bien de leurs filles et Pietro lui restera fidèle et dévoué. Mme Oliviero, l'institutrice

Elle a été la première à remarquer que Lila était une enfant surdouée et à encourager les prouesses d'Elena. Elle ne pardonnera jamais à

Lila le refus de ses parents de la voir continuer ses études et en apprenant son mariage, elle dira à la narratrice ces mots terribles :

> « Greco, la beauté que Cerullo avait dans la tête depuis l'enfance n'a pas à trouver à s'exprimer : elle a fini entièrement sur sa figure, dans ses seins, ses cuisses et son cul. Mais ce sont des endroits où la beauté ne dure pas, et après c'est comme si elle n'avait jamais existé. » (Tome I)

CLÉS DE LECTURE

L'AMITIÉ ENTRE DEUX HÉROÏNES

Peu exploité en littérature, le thème de l'amitié féminine est central dans *L'amie prodigieuse*. C'est une amitié tumultueuse qui unit deux jeunes filles dès leur plus tendre enfance à Naples : Elena Greco et Raffaella Cerullo, dite Lila, nées à quelques jours d'intervalle en août 1944. La scène initiale qui scelle leur amitié est emblématique de leur rapport dans tout l'ouvrage. Les deux petites filles de six ans, tout droit sorties d'un conte de fées, sont habituées à vivre dans un monde de misère et de violence. Terrorisées par leur voisin Don Achille, « l'ogre des contes », elles laissent tomber leurs poupées Tina et Nu dans les caves obscures de l'immeuble, « ces bouches sombres ». C'est pourtant Lila la première qui guide Elena effrayée :

> « Elle s'arrêta pour m'attendre et, quand je la rejoignis, me donna la main. Ce geste changea tout entre nous, et pour toujours. » (Tome I)

Elena dressera le bilan de cette amitié de soixante ans à la fin du tome IV, alors que le mystère de la disparition de Lila n'est toujours pas éclairci, et qu'elle tombe par hasard sur ces vieilles poupées ressurgies du passé. Cet épisode résume à ses yeux leur amitié et illustre à quel point Lila aura influencé sa vie de femme et de romancière désormais devenue célèbre :

> « Elle m'avait trompée et m'avait entraînée là où elle voulait, depuis le début de notre amitié. Toute la vie, elle n'avait fait que raconter son histoire de rédemption, en utilisant mon corps vivant et mon existence. » (Tome IV)

Cette amitié est racontée du point de vue d'Elena, qui voue dès l'enfance une admiration parfois mêlée de jalousie à son amie qu'elle juge prodigieuse, surdouée, méchante et d'une « détermination absolue ». Les deux fillettes envisagent de devenir riches en écrivant un roman. Lila est talentueuse et son récit écrit à dix ans, *La Fée bleue*, marquera à jamais l'écriture d'Elena.

Pourtant Elena et Lila prennent deux chemins différents, traçant un destin différent. Elena se réalise dans les études et Lila reste à Naples dans la cordonnerie de son père.

Même si Elena ressent souvent le besoin de fuir son amie, elle perçoit très jeune sa souffrance et sa difficulté à être heureuse, à s'abandonner et à se contenter du monde tel qu'il est :

> « Elle souffrait et sa douleur me déplaisait. Je l'aimais mieux quand elle était différente de moi, la plus éloignée possible de mes angoisses. Découvrir sa fragilité me mettait mal à l'aise, ce sentiment se transformait en un besoin de supériorité. » (Tome I)

Elena est aussi témoin et confidente de ce que Lila appelle ses expériences étranges de « délimitation » qui la coupent des autres et du monde. Malgré leurs destins contraires, Elena et Lila se retrouvent secrètement liées par un homme, Nino Sarratore, qu'elles aiment et qui les déçoit chacune à leur tour, et lorsque Elena retourne vivre à Naples auprès de son amie, elles connaissent ensemble l'expérience de la maternité, heureuse pour Elena avec ses trois filles, malheureuse pour Lila qui perdra sa petite Tina même pas encore âgée de quatre ans : elle ne s'en remettra jamais. Toutes deux partagent des rêves d'émancipation féministe et n'auront cessé de revendiquer leur liberté, en en payant parfois le prix fort.

L'amitié d'Elena et Lila est d'autant plus inoubliable, « splendide et ténébreuse » (Tome IV) qu'elle aura traversé une enfance marquée par la misère et la violence, une adolescence des premiers émois et des promesses de bonheur, et les illusions perdues de la maturité. Une amitié fructueuse, cruelle, et somme toute unique, qui permet à la narratrice au seuil de la vieillesse de laisser enfin partir son amie Lila, « afin de vivre pendant sa vieillesse et selon une nouvelle vérité la vie qu'elle s'était interdite pendant sa jeunesse » (Tome IV)

NAPLES, PERSONNAGE DE LA SAGA

Naples, ville violente en perpétuelle ébullition, est au cœur de nombreux ouvrages de la littérature italienne. Dans le roman *Montedidio* (Gallimard, 2002), Erri de Luca (écrivain, poète et traducteur italien, né en 1950) retrace l'itinéraire d'un enfant dans les quartiers pauvres de la ville. Roberto Saviano (né en 1979), autre écrivain et journaliste italien, décrit également les milieux mafieux de Naples, notamment dans *Gomorra* (Gallimard, 2007). Dans *L'amie prodigieuse*, où se dessine en creux l'histoire contemporaine de l'Italie sur une période de soixante ans, la ville de Naples est une troisième héroïne du récit. En effet, le destin de Elena et Lila semble indissociable de celui de la ville : « Elena et Lila sont comme les deux visages de Naples, intellectuel et instinctif, estime Lia Polcari, fondatrice de la librairie féministe Evaluna. Et leur relation passionnelle rappelle aussi celle des Napolitains à leur ville, entre l'amour et la haine. » C'est ainsi que Lila dit à son amie : « Sans amour, non seulement la vie des personnes est plus pauvre, mais aussi celle des villes » (Tome I). Cette idée de ville sans amour ne cessera de hanter l'écriture de Elena.

L'enfance des deux héroïnes s'inscrit dans un quartier pauvre et miséreux de Naples, juste après la Seconde Guerre mondiale. S'il n'est jamais nommé, on devine qu'il s'agit de Rione Luzzatti, à la périphérie de Naples. La violence qui y règne scelle le destin des deux jeunes femmes, déterminées à échapper à leur condition. La narratrice évoque ainsi ses premières années :

Très jeunes, les deux fillettes voient la mort autour d'elle, les assassinats, comme celui de Don
Achille, la folie, le désespoir :

Naples est aussi un tourbillon de vie, une ville qui
fascine, perçue comme radieuse et bienveillante :
« Je fus submergée par les noms, le bruit de la
circulation les voix, les couleurs, l'atmosphère
de fête qui régnait partout », se souvient Elena
(Tome I). La modernisation de la ville rythme les

bouleversements que connaissent les héroïnes :
« Naples (...) était ainsi depuis toujours : on en-
lève, on démolit et puis on refait, ça fait circuler
l'argent et ça crée du travail. »(Tome I).

Naples, entre modernité et tradition, retentit
de scooters qui slaloment entre les voitures, de
ruelles bondées, d'une circulation anarchique,
de bonnes odeurs des restaurants, des fritures à
emporter, des cireurs de la Piazza Garibaldi, des
pizzas mangées sur le Rettifilo des la Via Fori,
des étalages des bouquinistes de Port'Alba, la
Doganella, du front de mer que l'on longe jusqu'à
Mergellina, des odeurs de pizzas à la ricotta
préparées par le pizzaiolo, véritable héros de la
ville, et de kiosques regorgeant de gelati. De la
Via Carrciolo, entre les courants d'air, surgit le
Vésuve, « forme délicate couleur pastel au pied
de laquelle s'agglutinaient les pierres blanches
de la ville, la silhouette couleur de terre du Castel
dell'Ovo et la mer. » (Tome I). L'île d'Ischia est
un paradis pour les deux héroïnes. Adolescente,
Elena découvre les joies de l'île, en donnant un
coup de main dans une maison d'hôte, et c'est
sur la plage des Maronti qu'elle découvrira sa
propre sensualité dans les bras du père de Nino.

Dans le Tome II, les deux amies y retournent faire des bains de mer sur la plage de Citara. La Naples riche n'est jamais très loin, les héroïnes se confrontent jeunes aux familles aisées sur la piétonne, sur la via Chiaia, puis la très belle piazza dei Martiri, enjeu de nouveaux commerces et des espoirs de richesse. Lila vivra l'ouverture de son magasin de chaussures, puis de l'épicerie comme une véritable conquête.

Mais Naples est aussi un gouffre qui enlise les héroïnes : Lila se retrouve à vivre dans le nouveau quartier de San Giovanni a Tellucio, gangréné par les trafics et la camorra, Elena a peur de se sentir aspirée par la ville, et le projet tentaculaire de Naples, devenue monstrueuse, est celui du monde entier. Quand Elena revient à Naples, elle en fait le constat amer :

> « (...) Mais seulement pour découvrir, dans les décennies suivantes, que je m'étais trompée et qu'en réalité nous étions prises dans une chaîne dont les anneaux étaient de plus en plus grands : le quartier renvoyait à la ville, la ville à l'Italie, l'Italie à l'Europe, et l'Europe à toute la planète. Et aujourd'hui, c'est ainsi que je vois les choses : ce n'est pas notre quartier qui est malade, ce

> n'est pas Naples, c'est le globe terrestre tout entier, c'est l'Univers, ce sont les univers ! Le seul talent consiste à cacher et à se cacher le véritable état des choses » (Tome III)

Ainsi Naples reste pour les deux héroïnes un monde de désastres, symbolisé par le tremblement de terre du 23 novembre 1980, un monde où « Les lois fonctionnent pour ceux qui les craignent et pas pour ceux qui les violent », où nombre de leurs amis d'enfance connaitront une fin tragique, à l'image d'Alfonso retrouvé assassiné sur une plage, ou Rino, le frère de Lila, sauvagement tué. Mais Naples constitue leur identité, le poids des traditions, l'espace aussi de leur langue, quand le recours au dialecte leur permet de retracer leurs origines et de comprendre qui elles sont vraiment.

UN ROMAN FÉMINISTE, ENTRE POIDS DES TRADITIONS ET DÉSIR D'ÉMANCIPATION

L'amie prodigieuse est un grand roman féministe qui dénonce en premier lieu une société patriarcale. Elena et Lila grandissent à Naples dans un monde de violence et se sentent impuissantes face à la loi des hommes. Les hommes décident pour les femmes et connaissent des destins souvent violents. C'est le père de Lila qui décide d'interrompre ses études à la fin de l'école primaire, malgré les encouragements de son institutrice. Les femmes semblent vouées à subir la loi des hommes, à se marier jeunes et à faire des enfants qu'elles élèvent, sombrant parfois dans la folie ou le désespoir, à l'image de la veuve Melina Capuccio, figure qui marque profondément les deux héroïnes dans leur enfance et détermine en partie leurs rapports aux hommes.

Aussi, les deux jeunes femmes, malgré les premiers émois de leur adolescence, connaissent très vite des déboires sentimentaux. L'amour n'est pas heureux dans la saga. Lila divorce très jeune de Stefano Carrucci qu'elle méprise profondément depuis le jour de son mariage, où elle a compris sa trahison. Elle imposera à Enzo de vivre avec lui, sans relations physiques, ayant renoncé jeune à sa vie de femme. C'est pourtant un des rares personnages masculins positifs du roman. Elena, très sensuelle, aura plusieurs aventures, mais son mariage avec Pietro Airota, brillant universitaire, la décevra rapidement. Ainsi fait-elle un constat sans équivoque :

> « Était-il donc possible que le dégoût et l'humiliation commencent après, quand un homme te plie et te prend quand bon lui semble pour la simple raison que désormais tu lui appartiens, amour ou pas, estime ou pas ? Que se passe-t-il, quand on se retrouve dans un lit, dominée par un homme ? Elle en avait fait l'expérience et j'aurais voulu qu'elle m'en parle. Or elle se contenta de répondre, ironique : tant mieux pour toi si tu es bien avec lui ! » (Tome II)

Les deux femmes connaissent pourtant un amour passionnel pour le même homme, Nino Sarratore, certes brillant, mais volage, inconstant, incapable de s'engager. Elena et Lila éprouvent là encore, chacune pour des raisons différentes, une même déception :

> « L'amour de Nino pour Lila était un amour impossible. Comme le mien pour lui. C'est seulement dans la perspective d'un amour irréalisable que le baiser qu'il (Nino) lui avait donné dans la mer commença à sortir de l'indicible. » (Tome II).

L'amour, envisagé souvent négativement, semble une chimère qui ne renvoie les femmes qu'à leur propre destin :

> « En réalité, on s'attache aux hommes peu à peu, sans se demander s'ils correspondent ou non

à l'idéal que l'on se choisit dans les différentes étapes de sa vie. »

Dans *L'amie prodigieuse*, les hommes sont perçus comme des êtres égoïstes et violents se consacrant à leur seul plaisir ou à leur réussite sociale :

Elena et Lila, solidaires dans leur maternité, connaissent les grands combats féministes de leur époque, initiés dans les années soixante. Elena s'émancipe grâce aux études et parvient en tant que romancière reconnue à s'imposer comme femme de lettres et intellectuelle, dans un domaine souvent réservé aux seuls hommes. C'est ce qui lui permet de dénoncer le sort réservé aux femmes, ce « gâchis d'intelligence. Une société qui trouve naturel d'étouffer toute l'énergie intellectuelle des femmes sous le poids de la maison et des enfants est sa propre ennemie et ne s'en aperçoit pas « (Tome III). Lila, qui n'a pas la chance de son amie, se rebelle différemment, en s'engageant dans des combats contestataires. Elle décide de sa vie, lutte contre la loi imposée par les camorristes dans son quartier et décide de ne pas se soumettre.

Car le désir féminin est au cœur de ce roman, souvent très sensuel, et avec l'idée qu'une femme doit disposer d'elle-même et de son corps. La narratrice dénonce le mariage :

> « Désormais, je considérais le mariage comme une institution qui, contrairement à ce que l'on pensait, ôtait toute humanité au coït. » (Tome III).

Cette affirmation, rare en littérature, fait de ce roman un véritable plaidoyer en faveur de la cause des femmes :

> « Je parlai longuement. Je lui dis la vérité, la vérité de cet instant et la vérité de l'époque lointaine des étangs. C'est lui (Nino) qui m'avait fait dé-couvrir l'excitation, le fond du ventre qui devient chaud, s'ouvre, se liquéfie et libère une langueur brûlante. Franco, Pietro et Nino avaient trébuché devant cette attente et n'avaient jamais réussi à la satisfaire. » (Tome IV).

LE RÔLE DE LA LITTÉRATURE ET DE L'ÉCRITURE

Par ses péripéties, la psychologie complexe de ses personnages, un suspens toujours travaillé, et le contexte social dans lequel elle s'inscrit, *L'amie prodigieuse* est une saga qui permet, telles les meilleures séries télévisées, de tenir en haleine le lecteur de la première à la dernière page des quatre tomes. Mais c'est un roman qui s'inscrit aussi dans la grande tradition littéraire italienne du réalisme et donne une part importante à la littérature et à l'écriture.

Dès leur plus tendre enfance, l'amitié entre Elena et Lila se cimente autour du plaisir de lire et de l'importance que revêtent pour elles la littérature. À commencer par le roman d'une femme de lettres américaine Louisa May Alcott (1832-1888), *Les Quatre filles du docteur March* (1868), qui incarne tous leurs rêves d'émancipation. Lila, brillante écolière, écrit à l'âge de dix ans un récit qui marquera profondément Elena, devenue une romancière reconnue. Car Elena définit elle-même son rapport à l'écriture par sa relation avec Lila :

« Oui, c'est Lila qui rend l'écriture difficile. Ma vie me pousse à imaginer ce qu'aurait été la sienne si mon sort lui était revenu, à me demander ce qu'elle aurait fait si elle avait eu ma chance. Et sa vie surgit constamment dans la mienne, dans les mots que j'ai prononcés et derrière lesquels il y a souvent un écho des siens, dans mon geste déterminé qui est la transposition d'un de ses gestes, dans mon habitude d'être en deçà qui correspond à sa manière d'être au-delà qui exagèrent ses façons d'être en deçà. Sans même mentionner ce qu'elle ne m'a jamais dit, mais m'a laissé deviner, et ce que je ne savais pas et que j'ai lu ensuite dans ses cahiers. » (Tome II).

Quand à la fin du second tome, Elena publie son premier roman évoquant son histoire à Naples, elle reconnait combien le récit de Lila l'a influencée (« les petites pages enfantines de Lila étaient le cœur secret de mon livre »).

Les références littéraires jalonnent ainsi le roman : Elena évoque James Joyce, compare Marcello Solara à l'Hector de *L'Iliade* ou les rumeurs napolitaines à la « Renommée de *L'Enéide* », évoque les livres empruntés à la bibliothèque : Grazia Deledda, Luigi Pirandello, Anton Tchekhov, Nicolas Gogol, Léon Tolstoï ou

Fédor Dostoïevski... Toute leur vie, Elena et Lila échangeront sur la littérature, même si Lila, qui ne fréquente pas les milieux intellectuels de son amie, se sentira de plus en plus intimidée par les livres. Pourtant Elena a besoin du regard de Lila pour écrire, parfois même davantage que de celui du monde éditorial et universitaire qu'elle décrit comme versatile. L'écriture semble la seule arme possible pour ces femmes soumises à la loi violente des hommes et Elena n'hésite pas à sa prendre sa plume pour voler au secours de son amie Lila et dénoncer dans un article publié dans *L'Unità* les conditions terribles réservées aux femmes à l'usine. Elena vit sa passion de la littérature comme une véritable émancipation :

> « Je n'arrivais pas à chasser mon sentiment de satisfaction pour ce que j'étais devenue, le goût de la liberté que j'avais de me déplacer partout en Italie, et le plaisir de disposer de moi comme si je n'avais pas de passé, comme si tout commençait aujourd'hui. » (Tome IV)

Et il s'esquisse à travers les quatre tomes de la saga une véritable quête et une réflexion sur le rôle de la littérature, à la fois dans son rapport à la réalité et au mensonge : « chacun raconte sa vie comme ça l'arrange », dit Lila dans le Tome III. La littérature a aussi vocation à retranscrire une réalité sociale. doute souvent de sa vocation d'écrivain. Ne voulant se contenter d'écrire des histoires d'amour, elle ambitionne d'écrire un récit qui « corresponde à cette époque de manifestations de rue, de morts violentes, de répression policière et de crainte d'un coup d'État ».

En effet, Lila pense aussi que la littérature ne saurait se contenter d'être le reflet de la réalité : « Elle me dit que le visage répugnant du monde ne suffisait pas pour écrire un roman : sans imagination, cela ne ressemblait pas à un véritable visage, mais seulement à un masque. » (Tome III). Et quand son amie Elena s'écarte de la conception qu'elle a de la littérature, Lila peut avoir la dent dure : « Il ne faut pas écrire des trucs comme ça Léna, ce n'est pas toi ! Rien de ce que tu as écrit ne te ressemble ! Ce livre est nul, nul, nul, et celui d'avant l'était aussi. » (Tome III)

Mais il y a indéniablement une quête de vérité, de l'essence même de la création et le récit écrit par Elena, *Une amitié*, récit dans le récit, mise en abyme du roman, fonctionne comme un miroir dans le récit, mettant d'ailleurs un terme à l'amitié des deux héroïnes :

> « Le tout conduisait le lecteur à établir un lien entre la perte, dans l'enfance, des filles imaginaires, et la perte, à l'âge adulte, de la véritable fille. Lila devait avoir trouvé cynique et malhonnête ce recours à un moment important de notre enfance à sa fille et à sa douleur, afin de complaire à mon public. » (tome IV)

Car la vraie vie n'a-t-elle pas une autre vocation que la littérature ?

> « Contrairement aux récits, la vraie vie, une fois passée, tend non pas vers la clarté, mais vers l'obscurité. » (fin tome IV)

UNE FRESQUE DE L'ITALIE SUR SOIXANTE ANS D'HISTOIRE

La saga de l'amitié entre Elena et Lila est indissociable de l'histoire de l'Italie que l'on suit sur près de soixante ans, de la fin de la Seconde Guerre mondiale jusqu'en 2010, année de la disparition inexpliquée de Lila, alors âgée de soixante-six ans. *L'amie prodigieuse* se veut un récit de cette fresque, renouant avec une tradition italienne, comme c'était le cas dans *La Storia* écrit en 1974 par Elsa Morante (romancière, poétesse et essayiste italienne, 1912-1985). On se souvient aussi du feuilleton télévisé *Nos meilleures an-nées* (*La meglio gioventù*), adapté au cinéma par Marco Tuliano Giordana en 2003 et qui retrace une fresque de l'Italie à travers le destin de deux frères.

L'enfance de Lila et Elena, nées à la fin de la Seconde Guerre mondiale, est marquée par la mémoire du fascisme et les traumatismes. Sans que les faits soient transmis entre générations, les fillettes prennent conscience que ce poids de l'histoire va aussi contribuer à forger leur destin. Très jeune, Lila comprend qu'« il n'existe aucun geste, aucune parole ni soupir qui ne contienne la somme de tous les crimes qu'ont commis et que continuent à commettre les êtres humains » (Tome I) et elle ressent le besoin de mettre en mots le climat de tension ressenti depuis leur enfance :

> « Le fascisme, le nazisme, la guerre, les Alliés, la monarchie et la République, (Lila) transforma tout en rues, immeubles et visages : Don Achille et le marché noir, Peluso le communiste, le grand-père Solara qui était camorriste, le père Silvio qui était un fasciste pire encore que Marcello et Michele, son père Fernando le cor-

> donnier, mon père – tous, tous, tous, à ses yeux, étaient rongés jusqu'à la moelle par des fautes ténébreuses, c'étaient tous des criminels endurcis ou des complices consentants, c'étaient tous des vendus. (Tome I)

Et pourtant l'Italie, marquée par le poids des traditions, connait le boom économique de l'après-guerre, qui entraîne dans son sillage une redéfinition des classes sociales et l'espoir pour les nouvelles générations d'une vie meilleure ; les jeunes roulent en Fiat, Naples se modernise et de nouveaux quartiers naissent, souvent de manière anarchique : San Giovanni a Tellucio, la nouvelle gare, le gratte-ciel de la Via Novara, les immeubles en forme de voiles de Scampia, qui deviendra un haut lieu de la Camorra.

Elena a accès à la prestigieuse École normale de Pise, échappe à un destin tout tracé grâce aux études. De nouveaux commerces apparaissent, la mode en Italie fait rage, Lila s'habille comme dans les magazines féminins, les spéculations se retrouvent aux mains des camorristes. Et dans ce contexte de bouleversements sociaux et politiques, émergent dans les années soixante les contestations sociales dans les usines et les combats féministes. Les femmes imposent la pilule dans une société où leur rôle est avant tout perçu comme maternel.

C'est aussi le début de l'informatique : Lila et son ami Enzo comprennent vite l'importance de prendre le train en marche et ils sont bientôt à la tête de leur première entreprise d'informatique.

Au niveau politique pourtant, l'Italie peine à affirmer le rôle de l'État. Les années soixante-dix sont surnommées les années de plomb où s'affrontent des groupes armés d'extrême gauche ou d'extrême droite. Le fantôme du fascisme hante les esprits. C'est ainsi que Pietro Airota, le mari d'Elena est sauvagement agressé en 1978 alors qu'il sort de l'Université. La terreur atteint son paroxysme avec les attentat de Brescia en 1974 et de la gare de Bologne en 1980. Le chaos semble alors régner en Italie, comme le raconte la narratrice :

> « Peu après, la guerre souterraine, qui émergeait dans les journaux et à la télévision avec des pics imprévisibles – projets de coups d'Etat, répression policière, groupes armés, coups de feu, blessés, morts, bombes, tueries dans les grandes et petites villes – vint me frapper à nouveau. »(Tome III)

Mais si la situation politique et sociale peut sembler chaotique en Italie, beaucoup de personnes refusent de se résigner, comme nos deux héroïnes.

L'Italie est en butte avec une autre forme de violence : la mafia, cet État dans l'État, est incarnée à Naples par la Camorra. Tout au long du roman, elle gangrène les quartiers, contamine les rapports entre les hommes et les femmes rendus impuissants par la situation. La violence règne partout, de nombreux assassinats sont perpétrés. Même la modernité de Naples semble factice :

> « Ce n'était que maquillage, un peu de modernité prétentieuse plaquée ici et là, sur le visage corrompu de la ville ». (tome IV)

On soupçonne la Camorra d'être à l'origine de l'enlèvement de Tina, la fille de Lila, et c'est elle aussi qui aura raison du frère de Lila, retrouvé sauvagement assassiné.

Ainsi la saga constitue-t-elle une fresque de l'Italie entre espoirs et désillusions, poids des traditions, modernisme et déterminisme social,

dressant un constat amer de la situation politique et sociale. C'est Pasquale, le fidèle ami
d'enfance de Lila et Elena, le communiste qui
aura suivi tous les combats et finit en prison, qui
déclare à la fin du roman :

> « L'Italie est devenue un trou noir, dit-il navré,
> et on a tous fini dedans ! Si tu te balades, tu te
> rends compte que les gens comme il faut l'ont
> tous compris. » (Tome IV)

PISTES DE RÉFLEXION

QUELQUES QUESTIONS POUR APPROFONDIR SA RÉFLEXION…

- Qu'est-ce qui rend complexe la relation d'amitié entre Lila et Elena ?
- En quoi Lila se caractérise-t-elle par « une détermination absolue » ?
- En quoi peut-on dire que la ville de Naples est l'objet d'une personnification ?
- Quels sont les éléments qui relèvent du déterminisme social dans l'œuvre ?
- Pourquoi peut-on dire que le « paradis » de l'île d'Ischia participe d'une éducation sentimentale pour tous les amis d'enfance du quartier de Naples ? Comment comprenez-vous cette phrase du Tome IV : « Accepter d'être adulte, c'est arrêter de se montrer, c'est apprendre à se cacher jusqu'à disparaitre ? »
- Comment caractérisez-vous les relations hommes/femmes dans le roman ?
- L'amour est-il heureux dans la saga ?
- Quelles sont les relations entre les géné-

rations ? Comment comprenez-vous cette phrase du Tome II : « Était-il possible que les parents ne meurent jamais et que chaque enfant les couve en soi, de manière inéluctable ? Ma mère avec sa démarche boiteuse surgirait-elle donc vraiment un jour en moi, avec la fatalité d'un destin ? ».

- En quoi la littérature revêt-elle une grande importance dans le roman ?
- Quel est le rôle du passé ?

Votre avis nous intéresse !
Laissez un commentaire sur le site de votre
librairie en ligne
et partagez vos coups de cœur sur les réseaux
sociaux !

POUR ALLER PLUS LOIN

ÉDITION DE RÉFÉRENCE

- FERRANTE E., *L'amie prodigieuse*, traduit de l'italien par Elsa Damien, Paris, Gallimard, coll. "Du monde entier". Tome I, 2014. Tome II, 2016. Tome III, 2017. Tome IV, 2018.

ÉTUDES DE RÉFÉRENCE

- MORANTE E., *La Storia*, traduit de l'italien par Michel Arnaud, Paris, Gallimard, 1977.
- DE LUCA E., *Montedio*, traduit de l'italien par Danièle Varlin, Paris, Gallimard, 2002.

ADAPTATION

- Présentée en avant-première mondiale dans le cadre du festival de Venise, une adaptation cinématographique de *L'amie prodigieuse* en série, produite par la Rai et HBO, sortira fin 2018.

Retrouvez notre offre complète sur lePetitLittéraire.fr

- des fiches de lectures
- des commentaires littéraires
- des questionnaires de lecture
- des résumés

ANOUILH
- Antigone

AUSTEN
- Orgueil et Préjugés

BALZAC
- Eugénie Grandet
- Le Père Goriot
- Illusions perdues

BARJAVEL
- La Nuit des temps

BEAUMARCHAIS
- Le Mariage de Figaro

BECKETT
- En attendant Godot

BRETON
- Nadja

CAMUS
- La Peste
- Les Justes
- L'Étranger

CARRÈRE
- Limonov

CÉLINE
- Voyage au bout de la nuit

CERVANTÈS
- Don Quichotte de la Manche

CHATEAUBRIAND
- Mémoires d'outre-tombe

CHODERLOS DE LACLOS
- Les Liaisons dangereuses

CHRÉTIEN DE TROYES
- Yvain ou le Chevalier au lion

CHRISTIE
- Dix Petits Nègres

CLAUDEL
- La Petite Fille de Monsieur Linh
- Le Rapport de Brodeck

COELHO
- L'Alchimiste

CONAN DOYLE
- Le Chien des Baskerville

DAI SIJIE
- Balzac et la Petite Tailleuse chinoise

DE GAULLE
- Mémoires de guerre III. Le Salut. 1944-1946

DE VIGAN
- No et moi

DICKER
- La Vérité sur l'affaire Harry Quebert

DIDEROT
- Supplément au Voyage de Bougainville

DUMAS
• Les Trois
  Mousquetaires

ÉNARD
• Parlez-leur
  de batailles,
  de rois et
  d'éléphants

FERRARI
• Le Sermon sur la
  chute de Rome

FLAUBERT
• Madame Bovary

FRANK
• Journal
  d'Anne Frank

FRED VARGAS
• Pars vite et
  reviens tard

GARY
• La Vie devant soi

GAUDÉ
• La Mort du
  roi Tsongor
• Le Soleil des
  Scorta

GAUTIER
• La Morte
  amoureuse
• Le Capitaine
  Fracasse

GAVALDA
• 35 kilos d'espoir

GIDE
• Les
  Faux-Monnayeurs

GIONO
• Le Grand
  Troupeau
• Le Hussard
  sur le toit

GIRAUDOUX
• La guerre de
  Troie
  n'aura pas lieu

GOLDING
• Sa Majesté des
  Mouches

GRIMBERT
• Un secret

HEMINGWAY
• Le Vieil Homme
  et la Mer

HESSEL
• Indignez-vous !

HOMÈRE
• L'Odyssée

HUGO
• Le Dernier Jour
  d'un condamné
• Les Misérables
• Notre-Dame
  de Paris

HUXLEY
• Le Meilleur
  des mondes

IONESCO
• Rhinocéros
• La Cantatrice
  chauve

JARY
• Ubu roi

JENNI
• L'Art français
  de la guerre

JOFFO
• Un sac de billes

KAFKA
• La Métamorphose

KEROUAC
• Sur la route

KESSEL
• Le Lion

LARSSON
• Millenium I. Les
  hommes qui
  n'aimaient pas
  les femmes

LE CLÉZIO
• Mondo

LEVI
• Si c'est un
  homme

LEVY
• Et si c'était vrai…

MAALOUF
• Léon l'Africain

MALRAUX
- La Condition humaine

MARIVAUX
- La Double Inconstance
- Le Jeu de l'amour et du hasard

MARTINEZ
- Du domaine des murmures

MAUPASSANT
- Boule de suif
- Le Horla
- Une vie

MAURIAC
- Le Nœud de vipères

MAURIAC
- Le Sagouin

MÉRIMÉE
- Tamango
- Colomba

MERLE
- La mort est mon métier

MOLIÈRE
- Le Misanthrope
- L'Avare
- Le Bourgeois gentilhomme

MONTAIGNE
- Essais

MORPURGO
- Le Roi Arthur

MUSSET
- Lorenzaccio

MUSSO
- Que serais-je sans toi ?

NOTHOMB
- Stupeur et Tremblements

ORWELL
- La Ferme des animaux
- 1984

PAGNOL
- La Gloire de mon père

PANCOL
- Les Yeux jaunes des crocodiles

PASCAL
- Pensées

PENNAC
- Au bonheur des ogres

POE
- La Chute de la maison Usher

PROUST
- Du côté de chez Swann

QUENEAU
- Zazie dans le métro

QUIGNARD
- Tous les matins du monde

RABELAIS
- Gargantua

RACINE
- Andromaque
- Britannicus
- Phèdre

ROUSSEAU
- Confessions

ROSTAND
- Cyrano de Bergerac

ROWLING
- Harry Potter à l'école des sorciers

SAINT-EXUPÉRY
- Le Petit Prince
- Vol de nuit

SARTRE
- Huis clos
- La Nausée
- Les Mouches

SCHLINK
- Le Liseur

SCHMITT
- La Part de l'autre
- Oscar et la
  Dame rose

SEPULVEDA
- Le Vieux qui
  lisait des romans
  d'amour

SHAKESPEARE
- Roméo et Juliette

SIMENON
- Le Chien jaune

STEEMAN
- L'Assassin
  habite au 21

STEINBECK
- Des souris et
  des hommes

STENDHAL
- Le Rouge et
  le Noir

STEVENSON
- L'Île au trésor

SÜSKIND
- Le Parfum

TOLSTOÏ
- Anna Karénine

TOURNIER
- Vendredi ou
  la Vie sauvage

TOUSSAINT
- Fuir

UHLMAN
- L'Ami retrouvé

VERNE
- Le Tour
  du monde
  en 80 jours
- Vingt mille
  lieues sous
  les mers
- Voyage au
  centre de
  la terre

VIAN
- L'Écume des jours

VOLTAIRE
- Candide

WELLS
- La Guerre des
  mondes

YOURCENAR
- Mémoires
  d'Hadrien

ZOLA
- Au bonheur
  des dames
- L'Assommoir
- Germinal

ZWEIG
- Le Joueur
  d'échecs

ISBN version numérique : 9782808014205
ISBN version papier : 9782808014212
Dépôt légal : D/2018/12603/470

Conception numérique : Primento,
le partenaire numérique des éditeurs.

Ce titre a été réalisé avec le soutien de la Fédération Wallonie-Bruxelles, Service général des Lettres et du Livre.